Highlights Hidden Pictures Eagle-Eye

똑똑해지는 NEW 숨은그림찾기 3
보드장

아라미

이렇게 활용하세요!

숨은그림찾기의 세계로 오신 것을 환영합니다.
그림 속에 숨은 그림을 찾으며 즐거운 시간을 보내세요!

숨은그림찾기를 하면서 관찰력, 주의력, 집중력을 키워요.

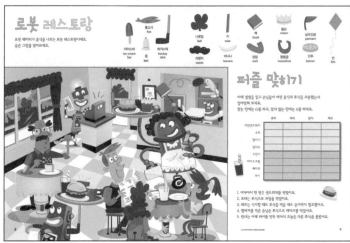

퍼즐 맞히기, 생각해 보세요를 하면서 사고력이 자라요.

숨은 그림에 스티커 붙이고 색칠하기, 내가 직접 만드는
숨은그림찾기 등의 활동을 통해 창의력과 상상력이 쑥쑥 자라요.

숨은그림찾기 이래서 좋아요!

● 숨은 그림을 찾으면서 주의력과 집중력이 자랍니다.
● 하나하나 세밀하게 살피는 관찰력을 키워 줍니다.

● 숨은 그림을 다 찾으려면 인내와 끈기가 필요합니다.
● 높은 성취감과 성실한 학습 태도를 길러 줍니다.

Highlights

Eagle-Eye
Hidden Pictures

3권

40쪽에서
이 그림을 찾아보세요.

차례

28쪽에서
이 그림을 찾아보세요.

10쪽에서
이 그림을 찾아보세요.

어떤 빵을 고를까?

가장 먹고 싶은 빵을 골라 보세요.
그리고 숨은 그림도 찾아보세요.

편지봉투
envelope

농구공
basketball

낚싯바늘
fishhook

클립
paper clip

사다리
ladder

배
ship

자
ruler

안경
eyeglasses

비행기
airplane

카누
canoe

조개껍데기
seashell

지팡이
cane

바나나
banana

뱀
snake

말편자
(말발굽에
박는 쇠붙이)
horseshoe

달팽이
snail

옷걸이
coat hanger

머리빗
comb

골프채
golf club

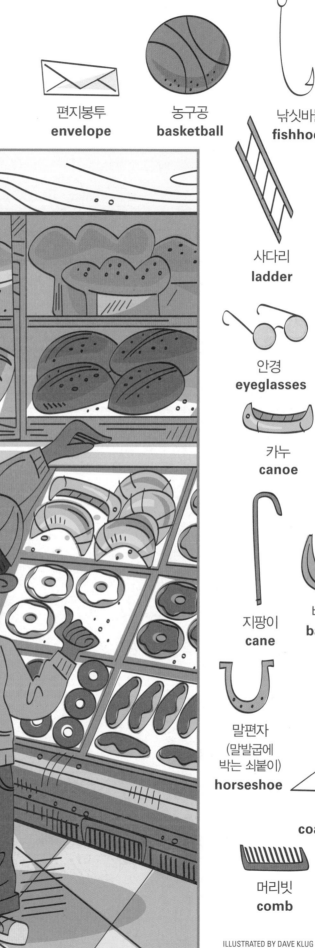

공중그네 스티커 색칠하기

원숭이들이 공중그네를 신나게 타고 있어요.
숨은 그림을 찾아 스티커를 붙인 후 예쁘게 색칠하세요.

로봇 레스토랑

로봇이 음식을 나르는 로봇 레스토랑이에요.
숨은 그림을 찾아보세요.

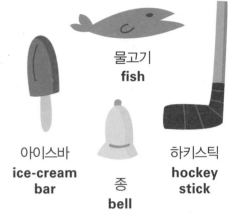

물고기
fish

아이스바
**ice-cream
bar**

종
bell

하키스틱
**hockey
stick**

나뭇잎
leaf

지렁이
worm

자
ruler

바나나
banana

책
book

양말
sock

왕관
crown

말편자
horseshoe

삼각깃발
pennant

단추
button

연
kite

퍼즐 맞히기

아래 설명을 읽고 손님들이 어떤 음식과 후식을 주문했는지
알아맞혀 보세요.
맞는 칸에는 O를 하고, 맞지 않는 칸에는 X를 하세요.

	로라	래리	린다	레오
치킨샌드위치				
수프				
햄버거				
샐러드				
오렌지				
아이스크림				
케이크				
파이				

- 여자아이 한 명은 샌드위치를 먹었어요.
- 로라는 후식으로 과일을 먹었어요.
- 래리는 식사할 때도 후식을 먹을 때도 숟가락이 필요했어요.
- 햄버거를 먹은 손님은 후식으로 케이크를 먹었어요.
- 린다는 어제 파이를 잔뜩 먹어서 오늘은 다른 후식을 골랐어요.

도전해 보세요!

놀이공원에 30개의 숨은 그림이 있대요.
하지만 어떤 그림이 숨어 있는지는 알 수 없어요.
자, 숨은그림찾기에 도전해 보세요!

ILLUSTRATED BY PAULA BECKER

실험실에서

실험실에 숨은 그림을 찾아보세요.

ILLUSTRATED BY JACKIE STAFFORD

별
star

그믐달
crescent moon

붓
artist's brush

압정
tack

바나나
banana

신발
shoe

양말
sock

12 자
ruler

피자
pizza

야구공
baseball

물고기
fish

망치
hammer

찻잔
teacup

종
bell

칫솔
toothbrush

내가 만드는 숨은 그림찾기

그림을 그려서 아래 종을 숨겨 보세요. 어떻게 해야 할지 잘 모르겠으면 위 그림을 참고하세요.

책벌레를 찾아라!

도서관에 20마리의 벌레들이 숨어 있어요.
모두 찾아보세요.

생각해 보세요!

도서관에는 왜 책이 많을까요?

책 빌리는 일 외에 도서관에서 또 어떤 일을 할 수 있을까요?

종이책과 전자책은 어떤 점이 비슷하고, 또 어떤 점이 다른지 말해 보세요.

가장 좋아하는 책을 세 권만 말해 보세요.

책을 쓴다면 어떤 주제로 쓰고 싶나요?

만일 내 자신에 관한 자서전이 출판된다면 어떤 제목을 붙일 건가요?

그림이 있는 책과 그림이 없는 책은 어떤 차이가 있을까요?

10년 후의 도서관은 어떤 모습으로 변해 있을까요?

고래 구경 스티커 색칠하기

세상에서 가장 큰 포유류 고래를 보러 왔어요.
숨은 그림을 찾아 스티커를 붙인 후 예쁘게 색칠하세요.

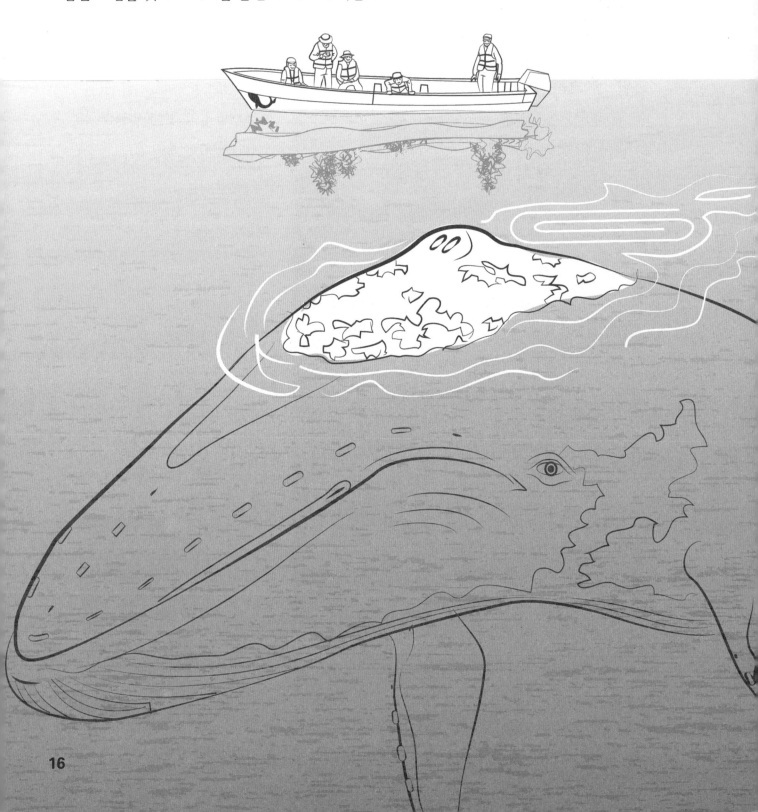

17

외계인의 지구 탐험

이곳은 빵빵이들과
부릉이들이
덜그럭거리거나 아플 때
치료하러 오는 곳이야.

저클

맞아,
이 큰 생명체를
잘 돌봐 주어야 해.

애들은
병원에 왔는데도
아주 얌전해 보이네.

의사 선생님에게 씩씩하게
입 안을 보여 주고 있어.
무섭다고 울지도 않고 말이야.

재즈

숨은 그림을 찾아보세요.

사다리
ladder

말편자
horseshoe

냄비
saucepan

반창고
**adhesive
bandage**

벙어리장갑
mitten

박쥐
bat

단추
button

오리
duck

셔츠
shirt

테이프 홀더
tape dispenser

뚫어뻥
plunger

물고기
fish

이빨
tooth

샌드위치
sandwich

빨대
drinking straw

선글라스
sunglasses

WRITTEN BY ANDREW BRISMAN;
ILLUSTRATED BY GIDEON KENDALL

숨은 조각 찾기

오른쪽 그림에서 아래 퍼즐 조각 여덟 개를 찾아보세요.

하이디와 지크
사라진 티켓을 찾아라!

하이디와 지크는 카일라 가족과 함께 놀이공원에 갔어요.

신나게 놀이기구를 탄 후 모두 함께 음료수를 마시고 있을 때였어요.

카일라가 주머니를 살펴보더니 깜짝 놀라 소리쳤어요.

"티켓이 없어졌어! 놀이기구를 탈 때 주머니에서 떨어졌나 봐. 어쩌면 좋지?"

일행은 놀이기구 타는 곳으로 달려갔어요.

"분홍색 티켓 세 장을 찾아야 해."

카일라가 말했어요.

그때, 지크가 솜사탕을 먹는 아이를 보고 짖었어요. 하이디는 어렵지 않게 분홍색 티켓을 찾아냈어요.

"카일라, 티켓들이 솜사탕을 좋아하나 봐!"

티켓을 찾으려면 솜사탕을 잘 살펴보세요.

그리고 다른 숨은 그림들도 찾아보세요.

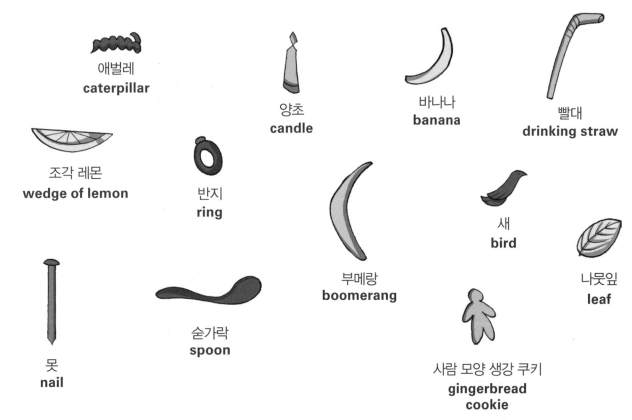

애벌레
caterpillar

양초
candle

바나나
banana

빨대
drinking straw

조각 레몬
wedge of lemon

반지
ring

새
bird

나뭇잎
leaf

부메랑
boomerang

못
nail

숟가락
spoon

사람 모양 생강 쿠키
gingerbread cookie

WRITTEN BY JULIE WINTERBOTTOM;
ILLUSTRATED BY CHUCK DILLON

수영장 배구

사람들이 신나게 물을 튀기며 배구를 하고 있어요.
숨은 그림을 찾아 스티커를 붙인 후 예쁘게 색칠하세요.

ILLUSTRATED BY JACOB CHABOT

맥스의 악기점

악기들 사이에 숨은 그림들을 찾아보세요.

땅콩
peanut

삽
shovel

막대사탕
lollipop

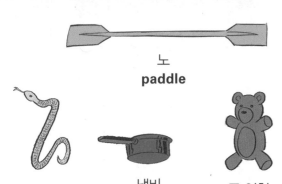

노
paddle

뱀
snake

냄비
saucepan

곰 인형
teddy bear

피자
pizza

깔때기
funnel

테니스 라켓
tennis racket

팔레트
palette

닭다리
drumstick

퍼즐 맞히기

아래 설명을 읽고 누가 어떤 악기로 무엇을
연주하는지 알아맞혀 보세요.
맞는 칸에는 O를 하고, 맞지 않는 칸에는 X를 하세요.

	미셸	마틴	메건	마이클
기타				
색소폰				
바이올린				
드럼				
클래식				
힙합				
재즈				
록				

- 미셸은 클래식이나 힙합을 좋아하지 않아요.
- 남학생들은 현악기를 다루지 못해요.
- 재즈를 좋아하는 여학생은 기타를 연주해요.
- 클래식 음악을 좋아하는 학생은 바이올린을 연주해요.
  하지만 그녀의 남동생인 마이클은 관악기로 록을 연주하지요.

비눗방울 만들기

준비물
- 가위 • 얇은 플라스틱 판 • 플라스틱 바구니
- 구멍 뚫는 펀치 • 공예용 접착제 • 나무 막대
- 구멍이 숭숭 뚫린 양념통 뚜껑 부분
- 입구가 넓은 플라스틱 통
- 물비누 • 물 • 아크릴 물감

1 가위로 오릴 수 있는 얇은 플라스틱 판을 원하는 모양으로
자른 후 펀치로 구멍을 뚫어요.
잘라 낸 플라스틱 판에 공예용 접착제로 나무 막대를 붙여서
손잡이를 만들어요. 접착제가 마를 때까지 기다려요.

2 또 다른 비눗방울 채를 만들어 볼까요?
구멍이 뚫린 플라스틱 바구니를 원하는 모양으로 잘라 내요.
잘라 낸 바구니에 나무 막대를 붙여서 손잡이를 만들어요.
구멍이 숭숭 뚫린 양념통 뚜껑에 나무 막대를 붙여도
좋은 비눗방울 채가 돼요.

3 입구가 넓은 플라스틱 통을 아크릴 물감으로 예쁘게 꾸미세요.
멋진 비눗방울 통이 된답니다.

4 아크릴 물감이 마르면 물비누 반 컵과 물 반 컵을 통에 넣고
잘 저어 주세요. 플라스틱 통에 비눗방울 채를 담갔다 뺀 후,
후~ 하고 바람을 불면 비눗방울이 불어진답니다.

손전등
flashlight

숟가락
spoon

피자
pizza

주스 팩
juice box

머그잔
mug

토끼
rabbit

장갑
glove

부메랑
boomerang

아이스크림콘
ice-cream cone

북
drum

땅콩
peanut

돛단배
sailboat

물고기
fish

머리빗
comb

연필
pencil

컵케이크
cupcake

미식축구공
football

종
bell

ILLUSTRATED BY KELLY KENNEDY

29

크로케 놀이

잔디밭에 숨어 있는 그림들을 찾아보세요.
크로케는 공을 나무망치로 쳐서
문 사이를 통과시키는 경기예요.

ILLUSTRATED BY MIKE MORAN

피자
pizza

열쇠
key

요요
yo-yo

말편자
horseshoe

모래시계
hourglass

드라이버
screwdriver

지팡이
cane

하트
heart

허리띠
belt

초승달
**crescent
moon**

쓰레받기
dustpan

손전등
flashlight

공룡
dinosaur

전시
plate

카누
canoe

내가 만드는
숨은그림찾기

그림을 그려서 아래 찻잔을 숨겨 보세요. 어떻게 해야 할지 잘 모르겠으면 위 그림을 참고하세요.

쓱싹쓱싹 페인트칠

여러 가지 색깔로 벽을 칠하고 있어요.
숨겨진 20개의 페인트붓을 모두 찾아보세요.

생각해 보세요!

내 방을 꾸민다면 어떤 색깔로 꾸미고 싶나요?

그림과 글의 비슷한 점과 다른 점을 말해 보세요.

얼마나 많은 색깔을 알고 있나요? 아는 색깔을 말해 보세요.

이 세상에 색깔이 없다면 어떻게 될까요?

물감 말고 또 어떤 걸로 색깔을 만들 수 있나요?

붓 말고 또 어떤 도구로 색칠할 수 있나요?

새로운 색깔을 만들어 보세요. 그리고 새로 만든 색깔에 이름을 지어 주세요.

물감을 섞지 않고 다른 색깔을 만든다면 어떤 방법이 좋을까요?

머릿속에서 일어나는 생각에 색깔을 입혀 보세요. 여러분의 생각은 무슨 색깔인가요?

외계인의 지구 탐험

저크, 이곳은 인간들이 둥그런 공을 키워서 수확하는 곳이야.

재즈

맞아. 나무에서 찌그러진
공을 골라내고 있어.
그런데 이상하네.
꼬마가 공을 먹고 있어.

그렇다면 농사를 망친 게
틀림없어. 저 공들 좀 봐.
모두 조금씩 찌그러졌어.

공이 맛있나 봐.

저클

숨은 그림을 찾아보세요.

올리브
olive

머리빗
comb

물고기
fish

왕관
crown

조각 오렌지
wedge of
orange

코끼리
elephant

가위
scissors

페인트붓
paintbrush

그믐달
crescent moon

자
ruler

나비
butterfly

양말
sock

WRITTEN BY ANDREW BRISMAN;
ILLUSTRATED BY GIDEON KENDALL

요리 교실 스티커 색칠하기

푸들이 요리를 가르치고 있네요.
숨은 그림을 찾아 스티커를 붙인 후 예쁘게 색칠하세요.

벼룩시장

다람쥐 가족이 도시로 이사 가면서 안 쓰는 물건들을 이웃에게 팔려고
벼룩시장을 열었어요. 잡동사니 가운데서 숨은 그림을 찾아보세요.

편지봉투
envelope

당근
carrot

위시본
(닭의 목과 가슴
사이 V자형 뼈)
wishbone

말편자
horseshoe

머리빗
comb

크레용
crayon

깔때기
funnel

뚫어뻥
plunger

망치
hammer

그믐달
crescent moon

실패에 감긴 실
spool of thread

종
bell

티백
tea bag

하이디와 지크
사라진 지도를 찾아라!

아름다운 가을날이었어요. 하이디와 지크, 케이트와 케이트의 아빠는

개 세 마리를 데리고 숲속을 산책했어요.

케이트가 길을 찾으려고 지도를 펼쳤을 때였어요.

갑자기 세찬 바람이 불어와 지도를 날려 버렸어요.

하이디 일행은 지도가 어디로 날아갔는지 몰라 주위를 둘러보았어요.

갑자기 지크가 노란색 단풍으로 물든 나무를 보고 컹컹 짖었어요.

"케이트, 지도가 무슨 색깔이지?"

"노란색이야."

"아하! 지크가 지도를 찾은 것 같은데?"

하이디가 말했어요.

노란색 나뭇잎들을 살펴보면 지도를 찾을 수 있어요. 다른 숨은 그림들도 찾아보세요.

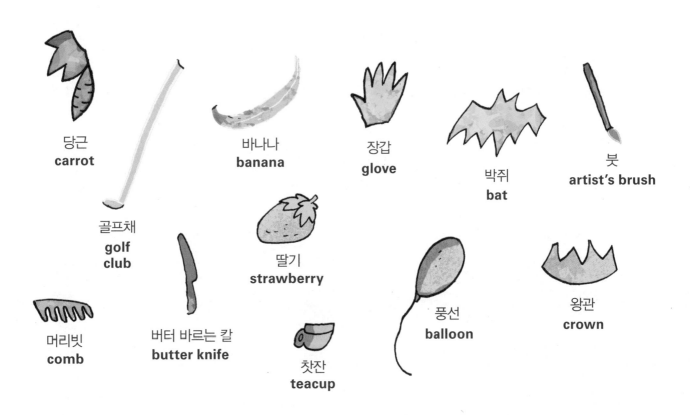

당근
carrot

골프채
**golf
club**

머리빗
comb

바나나
banana

버터 바르는 칼
butter knife

딸기
strawberry

찻잔
teacup

장갑
glove

풍선
balloon

박쥐
bat

붓
artist's brush

왕관
crown

WRITTEN BY JULIE WINTERBOTTOM;
ILLUSTRATED BY CHUCK DILLON

도전해 보세요!

호수 공원에 30개의 숨은 그림이 있대요.
하지만 어떤 그림이 숨어 있는지는 알 수 없어요.
자, 숨은그림찾기에 도전해 보세요!

말풍선 채우기

친구들이 바다에서 놀고 있어요.
물속에서 조용히 지내고 싶은 게들이
어떤 말을 했을까요?
말풍선을 채운 후 숨은 그림을 찾아보세요.

박쥐, 유령, 페인트붓, 톱, 뱀

4-5 어떤 빵을 고를까?

6-7 공중그네

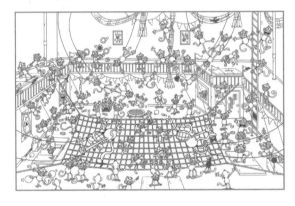

8-9 로봇 레스토랑

9 퍼즐 맞히기

로라 – 치킨샌드위치, 오렌지
래리 – 수프, 아이스크림
린다 – 햄버거, 케이크
레오 – 샐러드, 파이

10-11 도전해 보세요!

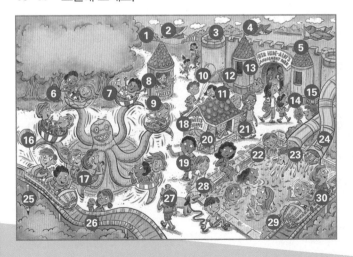

1 컵케이크	11 찻잔	21 새
2 바나나	12 야구모자	22 골프채
3 리본	13 자	23 양말
4 부츠	14 책	24 손전등
5 장갑	15 음표	25 연필
6 오리발	16 반지	26 뱀
7 초승달	17 물고기	27 포크
8 칫솔	18 머리빗	28 소금통
9 나뭇잎	19 못	29 렌치(스패너)
10 도넛	20 피자	30 플루트

정답

12 실험실에서

14–15 책벌레를 찾아라!

16–17 고래 구경

18-19 외계인의 지구 탐험

20–21 숨은 조각 찾기

22–23 하이디와 지크, 사라진 티켓을 찾아라!

24–25 수영장 배구

26–27 맥스의 악기점

27 퍼즐 맞히기

미셸 – 기타, 재즈
마틴 – 드럼, 힙합
메건 – 바이올린, 클래식
마이클 – 색소폰, 록

28–29 비눗방울 만들기

30 크로케 놀이

32–33 쓱싹쓱싹 페인트칠

34–35 외계인의 지구 탐험

36–37 요리 교실

38-39 벼룩시장

40-41 하이디와 지크,
사라진 지도를 찾아라!

42-43 도전해 보세요!

1 압정	11 조각 파이	21 목도리
2 연필	12 확성기	22 칫솔
3 피자	13 머리빗	23 단추
4 전구	14 조개껍데기	24 줄넘기
5 골프채	15 열쇠	25 조각 오렌지
6 편지봉투	16 펜	26 야구방망이
7 그릇	17 요요	27 뱀
8 찻잔	18 낚싯바늘	28 바나나
9 부메랑	19 초승달	29 숟가락
10 벙어리장갑	20 클립	30 반지

44 말풍선 채우기

48

공중그네 6-7쪽

딱정벌레
beetle

바나나
banana

벌새
hummingbird

물고기
fish

파인애플
pineapple

깃털
feather

비행기
airplane

막대사탕
lollipop

포크
fork

나뭇잎
leaf

번개
lightning
bolt

나방
moth

연
kite

화살
arrow

고래 구경 16-17쪽

종
bell

바나나
banana

클립
paper clip

파이
pie

하트
heart

칫솔
toothbrush

펼쳐진 책
open book

양초
candle

바늘
needle

장갑
glove

숟가락
spoon

톱
saw

수영장 배구 24-25쪽

박쥐
bat

반창고
adhesive bandage

털모자
knitted hat

곡괭이
pickax

가위
scissors

사다리
ladder

하키스틱
hockey stick

연필
pencil

돛단배
sailboat

뼈다귀
dog bone

국자
ladle

손전등
flashlight

도미노
domino

요리 교실 36-37쪽

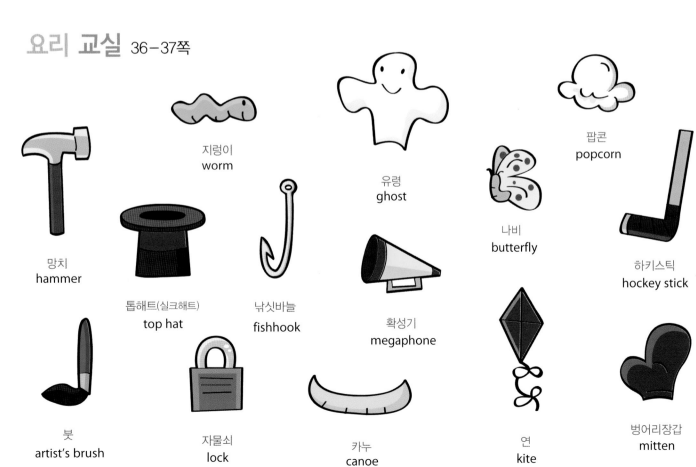

지렁이
worm

유령
ghost

팝콘
popcorn

나비
butterfly

하키스틱
hockey stick

망치
hammer

톱해트(실크해트)
top hat

낚싯바늘
fishhook

확성기
megaphone

붓
artist's brush

자물쇠
lock

카누
canoe

연
kite

벙어리장갑
mitten